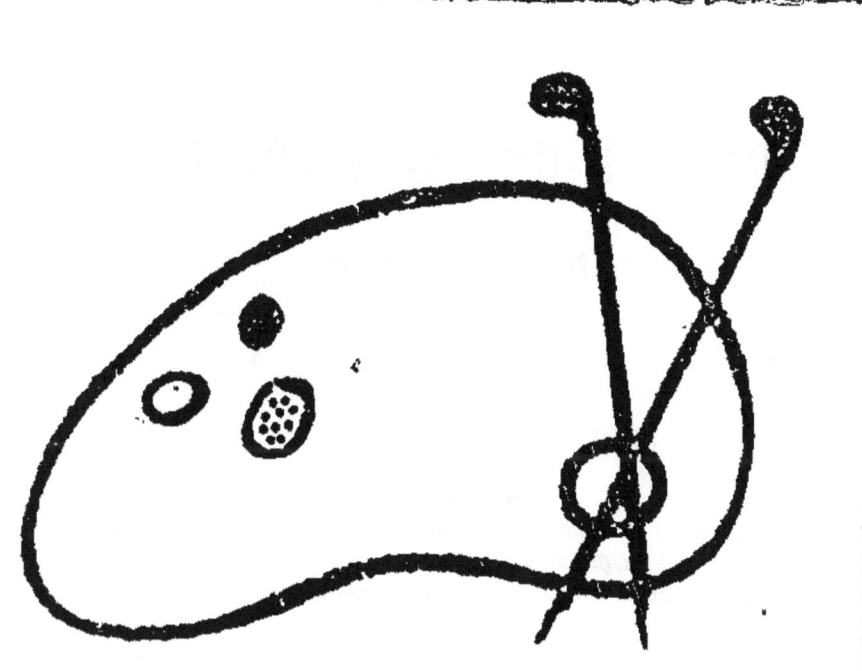

Début d'une série de documents en couleur

LA
NAISSANCE DE SAINT LOUIS

à la Neuville-en-Hez

PAR

M. l'Abbé MOREL,

Curé de Chevrières,
Correspondant du Ministère de l'Instruction publique,
Officier d'Académie,
Chevalier de l'ordre royal d'Isabelle-la-Catholique, etc.

BEAUVAIS,
TYPOGRAPHIE D. PERE, RUE SAINT-JEAN. — A. CARTIER, GÉRANT.

1897

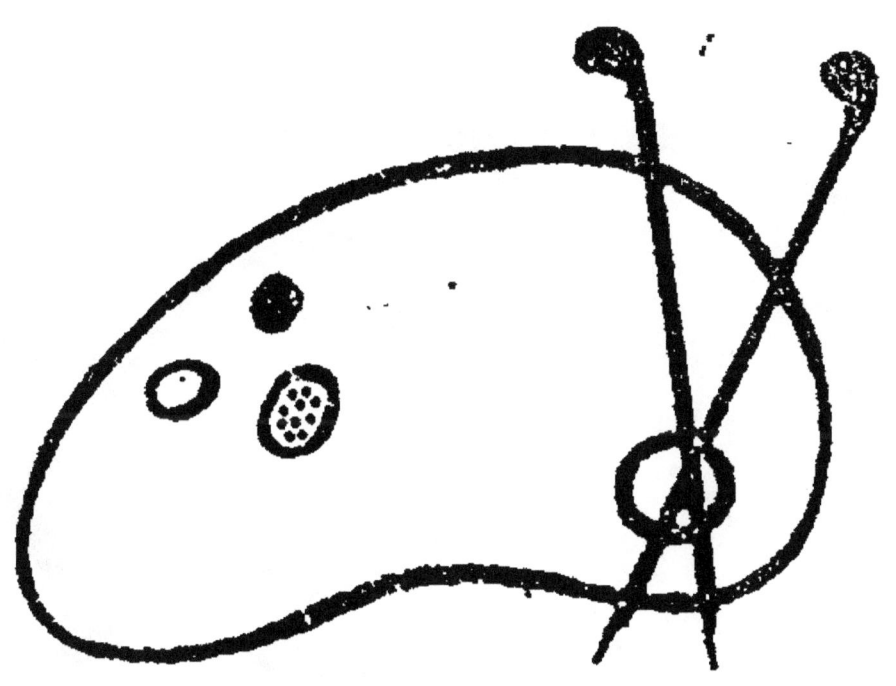

Fin d'une série de documents en couleur

Couverture inférieure manquante

LA NAISSANCE DE SAINT LOUIS

à la Neuville-en-Hez

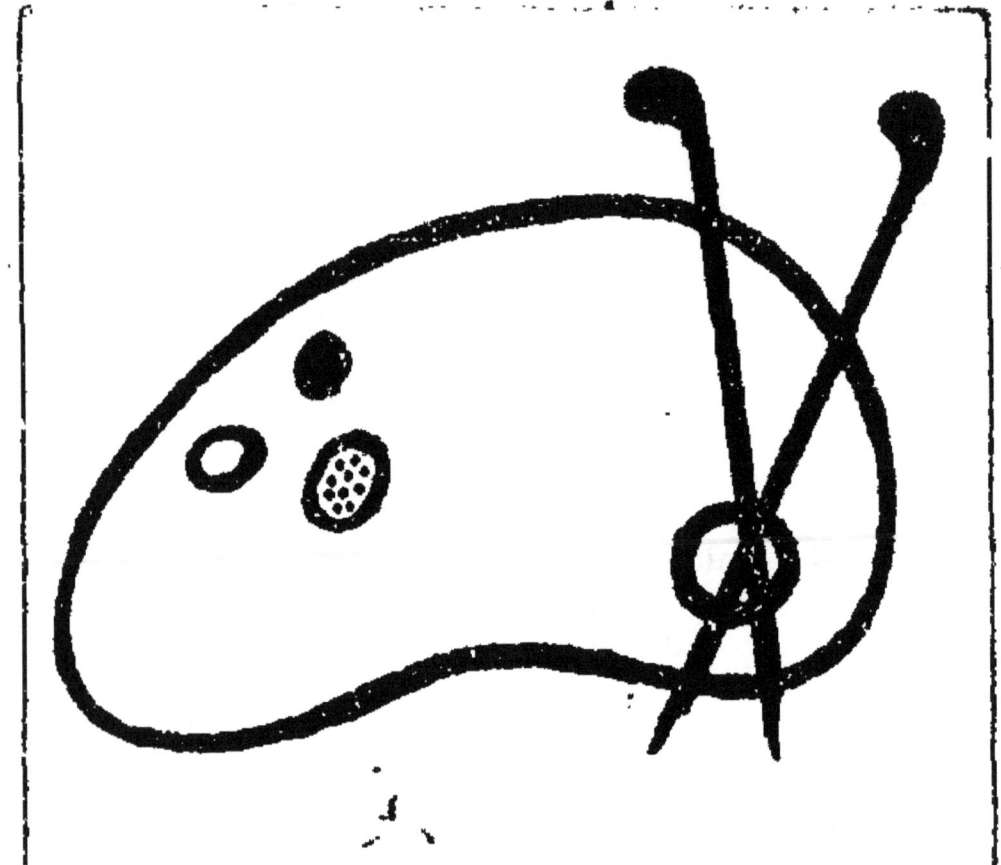

Original en couleur

NF Z 43-120-8

Cabinet de M. Martin du Gard.

LA
NAISSANCE DE SAINT LOUIS
à la Neuville-en-Hez

PAR

M. l'Abbé MOREL,

Curé de Chevrières,
Correspondant du Ministère de l'Instruction publique,
Officier d'Académie,
Chevalier de l'ordre royal d'Isabelle-la-Catholique, etc.

BEAUVAIS,
TYPOGRAPHIE D. PÈRE, RUE SAINT-JEAN. — A. CARTIER, GÉRANT.

1897

LA
NAISSANCE DE SAINT LOUIS
à la Neuville-en-Hez.

I.

La Neuville-en-Hez (Oise) et Poissy (Seine-et-Oise) se disputent l'honneur d'avoir donné le jour à saint Louis, roi de France. Les prétentions de la Neuville-en-Hez sont-elles fondées ? Celles de Poissy doivent-elles être écartées ? Depuis deux siècles, les historiens agitent cette question sans jamais la résoudre d'une manière définitive.

Adrien Baillet, né à la Neuville-en-Hez, le 13 juin 1649, décédé à Paris, le 21 janvier 1706, a écrit sur cette matière une dissertation que nous a conservée dom Grenier, au t. 212 de sa collection de Picardie. On s'étonne qu'au lieu de faire valoir les titres de la Neuville-en-Hez, son village, il ait pris fait et cause pour Poissy. Toutefois, il donne des textes dont il faut tenir compte ; nous en discuterons la valeur.

Mais c'est surtout entre 1732 et 1740 que de nombreuses joutes littéraires ont eu lieu au sujet du pays natal de saint Louis. M. Maillard, avocat au Parlement, et le savant abbé Lebœuf, se sont constitués les champions de la Neuville-en-Hez. Le P. Mathieu Texte, dominicain, a défendu la cause de Poissy, à cheval sur des subtilités philologiques. *Natus* et *oriundus*, deux termes dont le sens est assez élastique, ont fait tous les frais de son argumentation. M. Natalis de Wailly, en 1865 (Bibl. de l'École des Chartes, 6ᵉ série, t. II, p. 105 et suiv.), a reproduit, en l'amplifiant, la thèse du P. Texte ; et M. E. de Lépinois, en 1877, dans ses *Recherches historiques et critiques sur l'ancien comté et les comtes de Clermont-en-Beauvaisis* (Mémoires de la Soc. Acad. de l'Oise, t. x. p. 97 à 103), s'est inspiré de M. de Wailly, pour traiter la question à son tour. Sa conclusion est à citer : « Si saint Louis continue à être né à la Neuville-en-Hez, pour les habitants de cette localité, il est né à Poissy et le sera longtemps encore pour l'Académie des Inscriptions et Belles-Lettres ».

Deux ans n'étaient pas écoulés, que M. l'abbé Louis-Félix Boufflet, curé-archiprêtre de Clermont, publiait son *Etude sur la naissance de saint Louis à la Neuville-en-Hez*, répliquant ainsi au chapitre de M. de Lépinois. En présence de ces nombreux travaux aux conclusions si opposées, on se demande encore de quel côté se trouve la vérité.

Les champions de la Neuville-en-Hez apportent, pour la défense de leur cause, deux textes authentiques, deux chartes originales, émanées de la chancellerie de France.

Ces deux pièces respectables ont été copiées par nous avec grand soin. Nous tenons à les reproduire ligne pour ligne, mot pour mot, lettre pour lettre, afin qu'on n'en puisse infirmer l'indiscutable valeur. A l'époque où écrivaient M. Natalis de Wailly, M. E. de Lépinois, et M. l'abbé L.-F. Boufflet, on ne connaissait plus ces documents que par des copies. Les originaux semblaient à jamais perdus. Heureusement ils ne l'étaient pas ; ils dormaient dans un grenier de la Neuville-en-Hez. Grâce aux soins intelligents de la municipalité du lieu, ces vénérables parchemins sont installés aujourd'hui sous une vitrine, dans la salle de mairie, où chacun peut les consulter à loisir. Dans le texte que nous allons en donner, les chiffres placés entre crochets [ ] indiqueront le commencement de chacune des lignes des originaux.

Exemption de tailles, accordée pour sept ans aux habitants de la Neuville en-Hez.

Compiègne, 12 août 1468.

[1] A tous ceulx qui ces présentes lettres verront, les esleuz pour le roy, nostre sire, sur le fait des aides ordonnés pour la guerre en la ville et ellection de Beauvaiz, [2] salut. De la

partie des manans et habitans de la ville et parroisse de la
Nuefville-en-Hez, nous ont estéz présentéez les lettres patentes du roy nostre dit seigneur, seelléez [3] de son seel en
simple queue et cire jaune, en nous requérant l'enterinement
d'icelles, desquelles, ensemble des lettres données de nos
seigneurs [4] les généraulx conseillers du roy, nostre dit seigneur, sur le fait et gouvernement de ses finances, attachéez
à la marge des dictes lettres royaulx, soubz l'un de leurs
[5] signetz, les teneurs s'en suivent :

Loys, par la grâce de Dieu, roy de France, à nos améz et
féaulx les généraulx conseillers par nous ordonnéz [6] sur le
fait et gouvernement de toutes nos finances, aux esleuz sur
le fait des aides en l'élection de Beauvaiz, ou à leurs commis,
salut et [7] dilection. Savoir vous faisons que nous, ayant
considéracion à la grant povreté en laquelle les habitans de
la parroisse de la Neufville- [8] en-Hez sont à présent constitués à l'occasion des guerres qui ont par long temps eu cours
en nostre royaume et pour plusieurs autres tribulacions [9]
fortunes et nécessités qui leur sont survenues le temps passé
en diverses manières, tèlement que la dite parroisse est très
grandement apovrie et [10] diminuée de habitans et de chevance, considérans aussi que au dit lieu de Nuefville qui est
situé en forest et pays fort infertile et où [11] il ne croit que
très peu de biens, *Monseigneur saint Loys, nostre prédécesseur de glorieuse mémoire fut né et y print sa naissance,* ainsi
qu'il [12] nous a esté affermé, ausdis habitans de Nuefville
qui sur ce nous ont très humblement supplié et requis, pour
ces causes et pour [13] honneur et révérence de mondit seigneur saint Loys, et affin que lesdiz habitans se puissent
mieulx ressourdre, remectre sus et repeupler [14] le dit
vilaige, et pour autres considéracions à ce nous mouvans,
avons ottroyé et ottroyons, voulons et nous plaist de grace
espécial [15] par ces présentes, que de cy à sept ans prouchains
venans, ilz soient et demourent francs, quictes et exemps de
toutes les tailles qui seront dores en avant [16] mises sus et
imposées de par nous en nostre royaume, soit pour le fait et
entretenement de noz gens de guerre, ou autrement, pour
quelque cause que [17] ce soit et de ce les avons exemptéz et
affranchis, exemptons et affranchissons, ledit temps durant,

de nostre grace especial, par ces mesmes [18] présentes. Sy vous mandons et enjoignons et à chacun de vous, en commectant où il appartendra, que lesdiz habitants de Nuefville vous [19] faites et souffrez joir et user paisiblement de noz présens affranchissement, grace et ottroy, sans leur faire ne souffrir estre fait, miz [20] ou donné, durant ledit temps, aucun arrest, destourbier ou empeschement au contraire en corps ne en biens, en aucune manière ; car [21] ainsi nous plaist-il estre fait, nonobstant que par nos lettres de commission qui sont et seront par nous donneez pour mettre sus [22] les dittes tailles, soit mandé imposer à icelles toutes manières de gens, exemps et non exemps, privilégiéz et non privilégiéz, en quoy [23] ne voulons lesdiz habitans estre comprins ne entendus en aucune manière ès quelzconques ordonnances, mandemens ou deffenses à ce [24] contraires. Donné à Compiengne, le xii* jour d'aoust, l'an de grace mil cccc soixante-huit, et de nostre règne le huitiesme.

[25] Ainsi signé : Par le Roy, Monseigneur le duc de Bourbon, le vicomte de Bellière et autres pluseurs présens. Ainsi signé : DE LALORRE.

Item ce qui s'ensuit :

[26] Nous les généraulx, conseillers du roy, nostre sire, sur le fait et gouvernement de ses finances, veues les lettres patentes du roy nostre dit seigneur, auxquelles [27] ces présentes sont atachées, soubz l'un de noz signetz, par lesquelles et pour les causes dedans contenues, ledit seigneur a ottroyé aux habitans [28] de la parroisse de la Neufville-en-Hez, nomméz en icelles, que d'icy à sept ans prouchainement venans, ilz soient et demourent frans, quictes et [29] exemps de toutes les tailles qui seront d'ores en avant mises sus et imposées de par ledit seigneur en ce royaume, soit pour le fait et entretènement [30] de gens de guerre ou autrement, en quelque manière que ce soit, consentons, en tant que en nous est, l'entérinement et accomplissement desdictes [31] lettres, tout ainsy, pour les causes et par la fourme et manière que ledit seigneur par ses dictes lettres le veult et mande, pourveu qu'ilz paieront [32] leur cotte et porcion de la taille, à quoy ilz ont esté assis et imposéz pour ceste présente année.

Donné soubz nos ditz signetz, le xxvıı^me jour [33] d'aoust, l'an mil ııı^c soixante-huit.

Ainsi signé : BRIÇONNET.

Savoir faisons que, veu par nous les dictes lettres royaulx, par lesquelles [34] il appert que le roy nostre dit seigneur, pour les causes contenues en icelles, a ottroyé et ottroye, veult et luy plaist de sa grace espécial, que de cy à [35] sept ans, prouchainement venans, ils soient et demourent francs, quictes et exemps de toutes tailles qui seront d'ores en avant mises sus et imposées [36] de par luy en son royaume, soit pour le fait et entretènement de ses gens de guerre, ou autrement, pour quelque cause que ce soit, veu [37] aussy les dictes lettres de consentement de nos ditz seigneurs les généraulx, nous ausdiz manans et habitans de la Nuefville-en-Hez, en la présence et du [38] consentement de Thibault Despaulx, substitut du procureur du roy, nostre dit seigneur en la dicte élection, avons enteriné et enterinons, en tant que en [39] nous est, les dictes lettres royaulx, selon leur fourme et teneur, tout ainsi et par la manière que le roy, nostre dit seigneur, et nos diz seigneurs, les généraulx [40] le veullent et mandent par leurs dictes lettres, pourveu qu'ilz paieront leur cotte et porcion de la taille, à quoy ilz ont esté assis et [41] imposéz pour ceste présente année. En tesmoing de ce, nous avons scellé ces lettres de noz seaulx. Ce fut fait le xxxme et pénultieme [42] jour du mois d'aoust, l'an mil ııı^c soixante-huit.

(Signé) DELASAULX.

(Original en parchemin de 0^m 383 sur 0^m 325. Sceau enlevé. Arch. de la Mairie de la Neuville-en-Hez.)

Exemption de tailles, accordée pour un an aux habitants de la Neuville-en-Hez.

La Victoire près Senlis,   13 octobre 1475.

[1] LOYS, par la grace de Dieu, roy de France, à nos améz et féaulx les généraulx, conseillers, par nous ordonnéz sur le fait et gouvernement de toutes [2] nos finances, et aux esleuz sur le fait des aides ordonnéz pour la guerre en l'élection de Beauvais ou à leurs lieuxtenans, salut et dilection.

Receue [3] avons humble supplication des manans et habitans de la parroisse de la Neufville-en-Hez, contenant que, ou mois d'aoust mil cccc [4] soixante-huit, nous leur octroyasmes par nos autres lectres pactentes et pour les causes dedans contenues et mesmement pour [5] consideracion de leur povreté et aussi de ce que, au dit lieu de la Neufville *Monseigneur saint Loys, nostre prédécesseur de glorieuse mémoire, fut né et y* [6] *print sa naiscence*, que dès lors en avant jusques à sept ans consécutiz et entresuivans ils feussent et demourassent francs quictes [7] et exempps de toutes les tailles qui seroient mises sus et imposées de par nous en nostre royaume, ainsi qu'il est plus à plain contenu [8] en nos dictes lectres, au moien desquelles qui furent par vous, généraulx, bien et deuement vériffiées et expédiées, lesdiz supplians ont [9] joy paisiblement desdiz affranchissement et octroy. Toutes voyes pour ce que les dictes sept années sont naguères finies et expirées [10] et que à l'occasion des guerres et divisions qui depuis le dit temps ont eu presque continuellement cours en nostre dit royaume, [11] et par espécial près et à l'entour de la dicte parroisse, lesdiz supplians sont tombéz en si grant pouvreté et misère que la plupart d'entre [12] eulx n'ont de quoy bonnement vivre, nourrir, ne alimenter leurs enffans, à ceste cause nous ont iceulx supplians fait requérir [13] que nostre plaisir soit leur prolonguer et continuer lesdiz affranchissement et octroy jusques à aucum autre temps à venir, tel qu'il [14] nous plaira, et sur ce leur impartir et eslargir bénignement nostre grace; savoir vous faisons, que nous, ce considéré [15] voulans subvenir ausdiz supplians, pour consideration de leur povreté et aussi en faveur de nostre très chier et très amé frère [16] et cousin, le duc de Bourbonnois et d'Auvergne, duquel ilz sont subgects, qui sur ce nous a requis, auxdiz supplians, pour ces causes [17] et autres à ce nous mouvans, avons de rechief octroyé et octroyons, voulons et nous plaist de grace espécial par ces présentes que [18] jusques ung an à commencer du premier jour de janvier prochain venant, ilz et chacun d'eulx soient encores et demourent francs [19] quictes et exemps de toutes les dictes tailles qui seront durant ledit temps mises sus et imposées de par nous en nostre dit royaume [20] soit pour le fait et entretènement de noz gens de guerre, ou autrement, pour quelque cause que ce soit, et de ce les avons exemptéz [21] et affranchiz, exemptons et affranchissons pendant ledit temps d'ung an, de nostre dicte grace, par ces dictes présentes. Si vous mandons [22] et enjoignons et à chacun de vous, en commectant où il appartendra, que lesdiz habitants de Neufville vous faictes, souffrez et [23] laissez joïr et user plainement et paisiblement de noz présens affranchissement, grace et octroy, sans leur faire, ne souffrir estre fait, [24] mis ou donné, durant le dit temps, aucun arrest, destourbier ou empeschement au contraire, en corps, ne en bien, en aucune manière, [25] car ainsi nous plaist-il estre fait, nonobstant que par nos lectres de commission qui sont et seront par nous donnóes pour [26] mectre sus et imposer lez dictes tailles, soit mandé imposer à icelles toute manière de gens exemps et non exemps, privilégiés et non [27] privilégiés; en quoy ne voulons les diz habitants estre comprins, ne entendu en aucune manière ès quelxconques ordonnances, mandemens [28] ou deffenses à ce contraire. Donné à la Victoire près Senlis, le xiii° jour d'octobre, l'an de grace mil cccc [29] soixante-quinze, et de nostre règne le quinziesme.

[30] Par le roy : AURILLOT.

(Original en parchemin de 0ᵐ 335 sur 0ᵐ 275 Sceau enlevé. Arch. de la Mairie de la Neuville-en-Hez.)

De ces deux pièces, il ressort que le motif déterminant des libéralités de Louis XI en faveur de la Neuville-en-Hez, ruinée par les guerres, a été « que au dit lieu de la Nuefville, qui est situé en forest et pays fort infertile et où il ne croit que très peu de biens, Monseigneur saint Loys, son prédécesseur de glorieuse mémoire fut né et y print sa naissence ».

Cette affirmation royale, peu nécessaire après tout au cas présent, et cependant deux fois répétée à sept ans d'intervalle, a-t-elle soulevé des objections à travers les âges ? Bien au contraire, elle était trop conforme à la tradition pour n'être pas applaudie de tous. Aussi Henri IV l'a-t-il renouvelée dans une charte du mois d'août 1601, relative aux privilèges dont jouissaient les habitants de la Neuville-en-Hez. Ce document vaut la peine d'être reproduit.

**Confirmation des droits d'usage, chauffage, pâturage,
concédés en la forêt de Hez aux paroissiens de la Neuville-en-Hez.**

Paris,   Aout 1601.

HENRY, par la grace de Dieu, roy de France et de Navarre à tous présens et à venir, salut. Nos chers et bien améz manans, habitans et parroissiens de la Neufville en-Hez, nous ont fait remonstrer en nostre conseil que les autres roys de France et ducs de Bourbon, comtes de Clermont, dès l'an mil deux cens deux, et depuis Robert, aussi comte de Clermont, et Louis, aisné fils successeur du comte de Clermont, sieur de Bourbon, chambrier de France en l'an mil trois cens quinze, veille de la mi-aoust, pour bonnes considérations leur auroit donné et confirmé plusieurs beaux droits d'usaiges, chauffages, pasturages et franchise en nostre forest de Hez dicte la Neufville, à cause duquel nom de la Neufville, la dicte forest de toute ancienneté est ainsi appellée, et tout de mesme ledit lieu de la Neufville se réfère au nom de la dicte forest en ces mots la Neufville-en-Hez, pour ce qu'il estoit de toutes parts enclavé et environné de la dicte forest, comme il est encore de présent en la plus grande partie, *mesmes le roy saint Louis de bonne mémoire, en considération de ce qu'il estoit né et avoit prins sa naissance au chasteau de la Neuville*, outre le mesme octroy et confirmation qu'il leur auroit faits des dits privilèges et usaiges, les auroit affranchis et rendus exemps de toutes tailles, subsides et impositions, comme depuis et à son exemple et imitation auroit fait le roy Louis unziesme, c'est assavoir droit d'aller en la dicte forest de la Neufville, couper, lever et emporter en toute manière, hors la scie, à charriots, charrettes, voitures et chevaulx et autrement tous bois seoq debout, bois mort en estaux ou gissant, et le bois vert aussi gissant, mesme le chesne, pourveu qu'il fust thumbé, rompu, brisé, arraché et sans tenir à racines, pour brusler, bastir et esdiffier en leurs maisons dudit lieu de la Neufville, et de pouvoir convertir en esselles, lattes, solleaux, pieulx, membrures et autres choses utiles et nécessaires aux esdifflices, sans les transporter ailleurs; aussi de prendre en la dicte forest toutes sortes de gaules, perches, fourchettes et espines, pour clorre et fermer leurs jardins, ensemble des rames et rameaulx pour ramer leurs lins, en demandant seulement permission au chastellain de la dicte forest ou son lieutenant, reservé quelques lieux et trièges de la dicte forest, appellés les haultes et basses ployes où ils ne pourront aller; plus de pouvoir aller en la dicte forest, le jour de saint Rémy passé, pour y prendre tous fruits venans et croissans en icelle et les cueillir et abattre à leurs proffits, excepté le gland et la faine sans y porter sacq, ni transporter aucune chose desdits fruits hors le dit lieu de la Neufville, avec pasturage en communauté pour les bestes animales, chevaulx et autres, ès lieux et marests, proche de la dicte forest, vulgairement appellés les communes de Bresles, la Rue-Saint-Pierre et la Neufville, en payant par chacun mesnage tenant et faisant feu en sa dicte maison, par chacun an le jour de Noel, deux mines d'avoine, deux chapons et six deniers de cens le dit jour de saint Rémy, outre le droit de fornaige de deux sols parisis, laquelle redevance aucuns des ducs et duchesses de Bourbon, comtes de Clermont, résidans souvent audit chasteau de la Neufville, voyant l'infertilité du lieu et qu'il n'y croissoit que bien peu de grain, et pour autres bonnes considérations auroient modérée auxdits habitans à la somme de huit sols parisis seulement, pour chacun mesnage, payable audit jour de Noel, en nostre recette de Clermont, redevance qu'ils ont toujours payée et payent encore à présent ; — desquels droits, privilèges, usaiges, pasturages et franchises iceulx habitans ont de tout temps immémorial, depuis ladicte concession et octroy, joui et usé sans aucuns contredits, et obtenu de nos prédécesseurs roys, comtes de Clermont, plusieurs confirmations et toutes mainlevées et délivrances dont ils ont eu besoin, tant du grand maistre enquesteur et général réformateur des eaux et forests de France, ses lieutenans au siège de la table de marbre du palais à Paris, que maistres particuliers, chastelains et officiers de nostre dit comté de Clermont; et quand il y a eu closture générale ou deffense de jouissance aux usagers de nostre forest de Hez, en vertu des lettres patentes, commissions desdits grand maistre ou commissaires députés pour la réformation et règlement d'icelle, les dits habitans en ont obtenu toutes autres mainlevées, sentences et jugemens contradictoirement données, — attendu que leurs principaux biens et commodités consistent ès dits droits d'usaige, chauffage et pasturages, sans la jouissance desquels il leur seroit impossible de vivre et leur conviendroit abandonner ledit lieu de la Neufville ; aussi ont-ils toujours pour ces considérations esté maintenus en la possession au veu et sceu d'un chacun, continuellement et paisiblement joui et usé comme ils font encore de présent ; toutesfois ils doutent que pour n'en avoir obtenu nouvelle confirmation de nous, depuis le décès du feu roy, dernier décédé, nostre très honoré seigneur et frère, et autres prédécesseurs, et à l'occasion de nostre édit donné à Rouen au mois de janvier mil cinq cens quatre-vingt-dix-sept, portant la closture générale de nos dictes forests et révocation de tous droits d'usaiges, concédés depuis le règne du feu roy François premier et surséance de ceux de plus ancienne concession, ils fussent troublés et empeschés par nos officiers en la dicte jouissance et perception de leurs dits usaiges et franchises, s'ils n'avoient sur ce nos lettres, lesquelles ils nous ont très humblement supplié leur octroyer ; savoir faisons que Nous, désirant bien et favorablement traiter les dits habitans et parroissiens de la Neufville, à l'exemple de nos prédécesseurs, les maintenir et conserver en tous et chacun leurs privilèges, usaiges, chauffages, pasturages, franchises et exemptions, — après avoir fait voir à nostre conseil plusieurs extraits de leurs chartres, titres, arrests, sentences et jugemens qu'ils en ont obtenus, mesmement la sentence et règlement contradictoirement donnés par les gens tenant les grands jours au comté de Clermont pour le duc de Bourbonnois et d'Auvergne, l'an mil cinq cens sept le vingt-sixiesme d'aoust, quittance de la finance qu'ils nous ont payée pour le droit de confirmation et autres pièces y attachées sous le contre-scel de nostre chancellerie, avons à iceulx habitans et parroissiens de la Neufville-en-Hez et leurs successeurs continué et confirmé et approuvé et de nostre grace espéciale, pleine puissance et autorité royale, continuons et confirmons tous les dits privilèges, chauffages, pasturages, franchises et exemptions, ainsi qu'ils sont désignés et espécifiés par leurs dits titres, mainlevées, sentences et autres jugemens pour en jouir et user ainsi et par la mesme forme et manière que leurs prédécesseurs en ont bien et justement joui et usé, et comme iceulx habitans en jouissent encore de présent, aux charges des redevances et sujétions qui nous en sont deues et sont tenus payer en nostre recette de Clermont, attendant autre nouveau règlement de nostre dicte forest de la Neufville. Sy donnons en mandement à nos améz et féaulx les surintendant et grand maistre de nos eaux et forests de France, ou son lieutenant au siège de la table de marbre de nostre palais à Paris, maistres particuliers de nos forests de nostre comté de Clermont, nostre chastellain et gruyer audit lieu et tous autres nos justiciers, officiers et chacun d'eux comme à lui appartiendra que de ces présentes, nos lettres de confirmation, continuation et tout le contenu en icelles, ils fassent souffrent et laissent iceulx habitans et parroissiens de la Neufville et leurs dits successeurs jouir et user pleinement et perpétuellement, leur faisant desdits privilèges, usaiges, chauffages et pasturages, franchises et exemptions, comme nous faisons par ces présentes, pleine et entière mainlevée, cessant et faisant cesser tous troubles, saisies, closlures, interdictions et autres empeschemens quelconques, lesquels, si faits, mis ou donnés leur estoient outre et pour le temps à venir, nous les avons levés et ostés, levons et ostons, nonobstant toutes ordonnances, édits, arrests et règlemens faits pour nos dictes forests, oppositions et appellations faites ou à faire, restrictions et deffenses à ce contraires, ne qu'ils fassent apparoir de confirmations de nos dits prédécesseurs et de plusieurs originaulx de leurs dictes chartres et titres ou de partie d'iceulx pour avoir esté perdus pendant ces derniers troubles et lors du siège qui fut mis devant nostre dit chasteau de la Neufville, qui tenoit pour nostre obéissance et qui fut bruslé et desmoly, dont, en ce que cela leur pourroit nuire et préjudicier, nous les avons relevés et dispensés, relevons et dispensons par ces dictes présentes, car tel est nostre plaisir. Et affin de perpétuelle mémoire et que ce soit chose ferme et estable à toujours, nous avons fait mettre nostre seel à ces dictes présentes, sauf en autre chose nostre droit et l'autrui en toutes.

Donné à Paris, au mois d'aoust, l'an de grace mil six cens un, et de nostre règne le quatorziesme.

Ainsi signé : Henry; et en queue Clausse de Fleury, et sur le reply : Par le roy, Pothier ; et au bout sur ledit reply : *Visa contentor.*, Bouhur.

Et scellé en lacs de soie rouge et vert d'un grand scel de cire verte, où est empreint le roy en sa majesté ; et à costé sur la marge est aussi scellé du petit scel de cire verte sur lacs de soie rouge et vert.

(Archives de la ville de Clermont.)

Henri IV est aussi explicite que Louis XI. Il va jusqu'à déclarer que « le roy saint Louis, de bonne mémoire, en considération de ce qu'il estoit né et avoit prins sa naissance au chasteau de la Neufville auroit affranchis et rendus exemps les manans et habitans de la Neufville-en-Hez de toutes tailles, subsides et impositions. »

Nous sommes donc en possession de trois textes officiels attestant que saint Louis est né à la Neuville-en-Hez. En est-il de semblables autorisant les prétentions de Poissy ?

M. Huillard-Bréholles a communiqué, le 5 octobre 1869, à la Société des Antiquaires de France, dont il était le président, une charte de 1299, par laquelle Robert, fils de saint Louis, comte de Clermont et sire de Bourbon, constituait à Marie, sa fille, religieuse au monastère de Saint-Louis de Poissy, une dot de deux cents livres parisis de rente, à prendre sur la châtellenie de Moulins.

D'autre part nous trouvons, au t. VIII du *Gallia Christiana*, la charte de fondation et dotation de ce monastère de Poissy par Philippe-le-Bel, en 1304. Nous ne connaissons que ces deux pièces officielles, où l'origine de saint Louis soit, en quelque sorte, liée à l'origine du monastère des Dominicaines de Poissy. Bien qu'elles aient été déjà publiées, il convient d'en reproduire au moins la partie où il est question de saint Louis, pour montrer quels arguments on en peut tirer.

Robert, fils de saint Louis, constitue en dot à Marie, sa fille, religieuse à Poissy, une rente annuelle de 200 livres parisis

Aout 1299.

Robertus, filius sancti Ludovici regis Francorum, comes Clarimontis, et dominus Borbonesii, et Beatrix ejus uxor, predictorum loco-	Robert, fils de saint Louis, roi de France, comte de Clermont et seigneur du Bourbonnais, et Béatrix, sa femme, comtesse et dame

rum comitissa et domina, hec visuris, salutem in Domino sempiternam. Quia serenissimus princeps Philippus, Dei gratia, rex Francorum illustris, devotissimus avo suo beato videlicet Ludovico, quoddam nobile monasterium sororum inclusarum, ordinis fratrum predicatorum, ad ipsius gloriosi sancti predicti gloriam et honorem, apud Poissiacum, *ubi Christi confessor extitit oriundus*, fundaverit, secundum regiam magnificentiam bonis spiritualibus et temporalibus accolendum (*sic*), ad quod plures nobiles mulieres, suorum parentum ac sua precipua devotione, Regi regum Jesu Christo se dedicarunt et imposterum dedicabunt.....

Actum anno Domini millesimo ducentesimo nonagesimo nono, mense Augusti.

des mêmes lieux, salut éternel dans le Seigneur. Comme le sérénissime prince, Philippe, par la grace de Dieu illustre roi de France, très dévot envers son aïeul, le bienheureux Louis, a fondé un noble monastère de sœurs cloîtrées de l'ordre des Frères Prêcheurs, en l'honneur et sous le vocable du susdit glorieux saint, à Poissy, d'où *ce confesseur du Christ a tiré son origine*, et l'a enrichi avec une magnificence toute royale de biens spirituels et temporels ; comme aussi plusieurs nobles dames poussées par la dévotion de leurs parents et par leur propre piété s'y sont déjà vouées à Jésus-Christ, le Roi des rois, et s'y voueront à l'avenir...

Fait l'an du Seigneur mil deux cent quatre-vingt-dix-neuf, au mois d'août.

(Archives nat., P. 1362², Cote 1168. — Bulletin de la Soc. des Antiq. de France, 1859, p. 174.)

Fondation et dotation par Philippe-le-Bel du monastère de Saint-Louis de Poissy.

Néauphle-le-Château,

Philippus, Dei gracia Francorum rex. Honor et reverentia summi Regis, per quem leges et regna consistunt, non immerito nos inducunt claraque progenitorum nostrorum exempla nos provocant, ut quantum Rex ipse regum Altissimus ad celsiorem regiminis populi sui gradum pia nos miseratione provexit, quanto majora de ipsius manu bona suscepimus et dona largissima gratiarum, tanto ad ea que redduntur in oculis sue

Juillet 1304.

Philippe, par la grace de Dieu, roi de France. Mu par l'honneur et la révérence dus au souverain Roi, par qui subsistent les lois et les royaumes, aussi bien que par les illustres exemples de nos ancêtres, - sachant que le Très-Haut, Roi des rois nous a, dans sa pieuse miséricorde, élevé en dignité pour le gouvernement de son peuple, et que plus nous avons reçu de sa main de biens considérables et de larges provisions de graces, plus

majestatis accepta et que divini nominis laudes et gloriam suique cultus augmentum respiciunt ac temporalia stabiliunt et certum preparant nobis regnum, vacare solertius et magnificentius agere debeamus, ut per grate recognitionis effectum nobis beneficia multiplicemus (ejus) qui dat affluenter ac non improperat ac per religionis amorem, pietatis studia et opera caritatis, misericordiam Deo propriam consequamur et gratiam inveniamus, tempore opportuno. Hinc est quod nos ad memoriam revocantes eximie dilectionis affectum et intime affectionis zelum quem egregius confessor beatus Ludovicus, olim rex Francorum, avus noster, ad ecclesiam beate Marie ville Pissiaci *in qua renatus fonte baptismatis, christiane fidei et salutis nostre primordia suscepisse dignoscitur* et villam ipsam, *originis sue solum*, dum presentis vite commodis frueretur habebat; et ad ordinem predicatorum in quo divini cultum nominis, religionis decorem et virtutum exempla laudabilia inter religiones ceteras prelucere conspicimus et ad sorores beati Dominici ejusdem ordinis, que, spretis oblectationibus hujus mundi, pro Christi amore, cui virginitatis sue pudicitiam devoverunt, carnem suam cum concupiscentiis crucifigunt, claustrales carceres voluntarie appetentes, ut post vite hujus labores in thalamum sponsi sui et tabernacula recipiantur eterna, nostre considerationis oculos et devotionis intuitum convertentes, in predicta

aussi nous devons travailler soigneusement à tout ce qui peut être agréable aux yeux de sa Majesté, contribuer aux louanges et à la gloire de son nom divin, comme à l'accroissement de son culte, affermir l'ordre temporel et nous assurer un règne prospère, et plus nous sommes obligé à agir avec magnificence pour que notre reconnaissance appelle sur nous l'abondance des bienfaits de Celui qui donne sans mesure et ne marchande pas et que notre amour de la religion, nos pieuses attentions et nos œuvres de charité nous obtiennent la miséricorde propre à Dieu et nous fassent trouver la grace en temps opportun; — Nous remettant d'ailleurs en mémoire l'attachement d'exquise dilection et le zèle d'intime affection que l'illustre confesseur saint Louis, jadis roi de France, notre aieul, avait, tant qu'il usait des avantages de la vie présente, pour l'église Notre-Dame de Poissy, *dans laquelle né à la grace sur les fonts du baptême*, il a, comme l'on sait, reçu les premiers éléments de la foi chrétienne et de notre salut, et aussi pour la ville elle-même *sol de son origine*; — tournant enfin les yeux de notre bienveillance et le regard de notre dévotion vers l'ordre des prédicateurs, dans lequel nous voyons briller, entre tous les autres ordres, le culte du nom divin, la beauté de la religion et les louables exemples des vertus et particulièrement vers les sœurs de saint Dominique du même ordre, qui après avoir foulé aux pieds les

villa Pissiaci monasterium, in quo sorores predicti ordinis pro nobis et successoribus nostris ac statu regni predicti, necnon pro nostra ac carissime consortis nostre ac parentum nostrorum remedio animarum, bonorum omnium Largitori preces et hostias offerent salutares, in honorem Dei omnipotentis ac beate Marie Virginis et beatorum Petri et Pauli apostolorum, ac totius celestis curie, necnon ad celebrem et specialem confessoris predicti memoriam, cujus preclaris operibus et meritis sanctitatis virtus Altissimi regnum ipsum perpetuo splendore luminis illustravit, fundare decrevimus, illud que de bonis nobis oblatis a Domino dotavimus in hunc modum, videlicet.....

Quod ut perpetue stabilitatis robur obtineat, presentibus nostrum fecimus apponi sigillum. Actum Nealphe, mense julio, anno Domini M CCC° IIII°.

vanités de ce monde, pour l'amour du Christ à qui elles on¹ voué la candeur de leur virginité, crucifient leur chair avec ses concupiscences, recherchent avec empressement les prisons claustrales, afin d'être admises après les labeurs de cette vie dans la demeure de leur céleste époux et dans les tabernacles éternels; — Nous avons résolu de fonder, en cette même ville de Poissy, un monastère, dans lequel les sœurs du susdit ordre offriront au Dispensateur de tous biens des prières et des hosties salutaires, pour nous, nos successeurs, la prospérité de notre royaume, le salut de notre âme et celui de nos parents, en l'honneur de Dieu tout puissant, de la bienheureuse Vierge Marie, des bienheureux apôtres Pierre et Paul et de toute la cour céleste, et encore à la mémoire particulièrement vénérée de l'illustre confesseur dont la vertu du Très-Haut s'est plu à faire servir les admirables œuvres et les mérites de sainteté à illuminer ce royaume d'une perpétuelle clarté; Nous avons aussi doté ce monastère des biens que le Seigneur nous a départis, en la manière suivante.....

Pour que ces lettres restent valables à perpétuité, nous y avons fait appendre notre sceau. Fait à Néauphle, au mois de juillet, l'an du Seigneur 1304.

(*Gall., Christ.* t. VIII. *Instrum. Ecclesiæ Carnotensis*, Col. 373 et 374. — Arch. nat., JJ 2, f° 42.)

Robert, fils de saint Louis, nous apprend que son père était originaire de Poissy, et c'est à ce propos qu'il donne au pieux roi le titre de confesseur du Christ, *apud Poissiacum ubi Christi confessor extitit oriundus*. C'est bien en effet sur les fonts du baptême de Poissy que saint Louis fut appelé à la perfection chrétienne. C'est de là qu'il a tiré son origine comme confesseur du Christ. C'est également de cette petite ville qu'il était originaire, comme enfant de France, puisque là se trouvait le manoir, la résidence habituelle de Louis VIII et de Blanche de Castille, à l'époque où il vint au monde. Toutefois, il nous faut le remarquer, *oriundus*, originaire, n'est pas l'équivalent absolu de *ortus*, né. Il a un sens beaucoup plus étendu, sans signifier nécessairement *né*. Jean Tristan, l'un des fils de saint Louis, naquit à Damiette, en 1250. On a pu l'appeler Jean de Damiette. Quelqu'un a-t-il jamais eu l'idée de dire qu'il était d'origine égyptienne ?

M. Huillard-Bréholles, président de la Société des Antiquaires de France, à qui nous devons la publication partielle de la charte de Robert de Clermont, fait à son sujet ces réflexions pleines de justesse : « Il est impossible de croire que Robert de Clermont n'ait pas connu parfaitement le lieu où son père était né. D'ailleurs les enquêtes récentes auxquelles avaient donné lieu la canonisation de Louis IX, avaient dû fixer, surtout pour les membres de la famille royale, toute incertitude à cet égard, en supposant que quelque incertitude eût réellement existé. » Puis, le savant antiquaire ajoute : « Cette charte de 1299 (où se lit : *apud Poissiacum ubi Christi confessor extitit oriundus*) nous paraît donc établir d'une manière incontestable que saint Louis naquit à Poissy. » L'argument de M. Huillard-Bréholles serait sans réplique, si la charte portait : *Ubi Christi confessor natus est*, ou même *ortus est*; mais Robert de Clermont a évité l'emploi de ces termes.

N'est-ce pas avec intention qu'il a fait mettre dans l'acte *extitit oriundus*, immédiatement après l'expression *Christi confessor* ? Le sens naturel ne serait-il donc pas que le confesseur du Christ, saint Louis, a tiré de Poissy son origine de chrétien, voire même son origine d'enfant de France ?

Philippe-le-Bel, dans sa charte de 1304, ne tient pas un autre langage que son neveu Robert. Il nous explique même très clairement comment il faut traduire *oriundus*. » C'est,

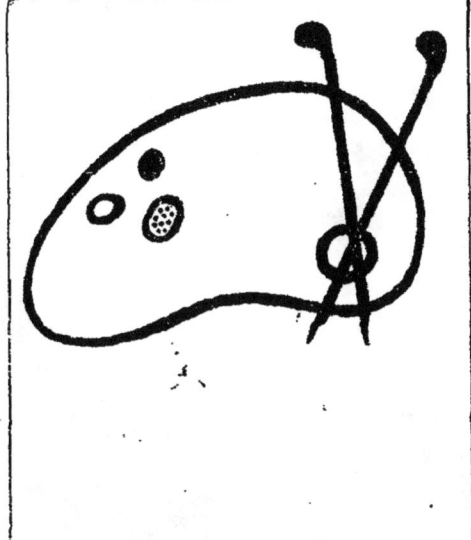

Original en couleur
NF Z 43-120-8

Vue de l'ancien château de la NEUVILLE-EN-HEZ, où naquit saint Louis

dit-il,. dans l'église Notre-Dame de la ville de Poissy, que l'illustre confesseur saint Louis, jadis roi de France, notre grand-père, a pris une nouvelle naissance, sur les fonts du baptême, et reçu les premiers éléments de la foi chrétienne et de notre salut. *Egregius confessor beatus Ludovicus, olim rex Francorum, avus noster, in ecclesia beate Marie ville Pisciaci renatus fonte baptismatis, christiane fidei et salutis nostre primordia suscepisse dignoscitur.* La ville de Poissy est le sol de son origine, *villa ipsa, originis sue solum.* » Si l'on veut bien réfléchir que le baptême a été, jusqu'en 1792, l'unique constatation officielle de la naissance, on comprendra sans peine l'emploi des mots *extitit oriundus*, pour désigner l'entrée de saint Louis en ce monde par le baptême, et l'on s'expliquera facilement que l'expression *originis sue solum* ait paru la seule exacte pour qualifier le pays où s'est faite la vérification de cet événement. Robert de France et Philippe-le-Bel ne se sont pas servi du terme *natus* qui ne pouvait indiquer que le fait naturel de la venue d'un enfant à la lumière du jour. Ils ont dit *renatus, oriundus*, pour qualifier la naissance de saint Louis par le baptême, celle que l'on pourrait appeler sa naissance officielle. D'ailleurs, c'est une remarque à faire, le sol d'origine du saint roi ne pouvait pas être la Neuville-en-Hez, où il eut été le vassal du comte de Clermont, mais Poissy, terre royale, demeure de Louis VIII, son père.

Si l'on donne toujours créance à l'histoire écrite à l'aide des documents officiels, il faut bien constater que saint Louis n'est pas né au lieu où il a été baptisé, mais qu'il est né à la Neuville-en-Hez, et par le baptême a pris sa naissance officielle à Poissy.

II.

Vous n'avez donc pas lu les chroniqueurs, vont nous répliquer Adrien Baillet, le P. Texte, et leurs adhérents ? Nous avons lu les chroniqueurs et nous avons pour eux un grand respect. Sans eux, beaucoup de faits curieux, voire même importants, seraient ensevelis dans un éternel oubli. Mais faut-il accepter tous leurs dires sans contrôle ? S'accordentils donc toujours entre eux ? Sont-ils exempts de toute erreur ? Leurs récits sont-ils d'une exactitude absolue ? Méritent-ils, en un mot, plus de confiance que les pièces officielles ? Ce n'est pas notre avis.

Demandons d'abord aux chroniqueurs la date de la naissance de saint Louis. Nous verrons ensuite s'il est permis de discuter leurs affirmations relativement au lieu de cette naissance.

Il est généralement admis que saint Louis naquit le 25 avril 1215. La *Brève Chronique* que nous devons à un bénédictin de l'abbaye de Saint-Denis, le dit formellement :

Hoc a .no (MCCXV) natus est Ludovicus rex, filius Ludovici regis, in festo sancti Marci evangeliste.	En cette année 1215, naquit le roi Louis IX, fils du roi Louis VIII, le jour de la fête de saint Marc, évangéliste.

(L. D'ACHERY, Spicilegium, t. II, p. 496.)

Un poète français des premières années du XIVe siècle, Guillaume Guiart, le donne également à entendre lorsqu'il affirme que saint Louis n'avait pas encore douze ans quand il fut couronné. Ce poète est cité par Du Cange dans les notes de son édition de Joinville, p. 133.

Guillaume de Nangis patronne également cette opinion. Ecrivant la vie du saint roi, dans laquelle, comme il le déclare, il a fait entrer des documents recueillis par les docteurs de Metz, *spicas Metensium doctorum*, il parle en ces termes de l'avènement du pieux monarque à la couronne, en 1226.

Ludovicus, ejus (Ludovici VIII) filius, qui nondum etatis sue annum duodecimum attigerat, regni Francorum fastigium est adeptus.	Louis IX, fils de Louis VIII, qui n'avait pas encore atteint sa douzième année, monta sur le trône de France.

(Du CHESNE, Scriptor. rerum Francic., t. v, p. 327.)

Dans sa chronique, il est vrai, Guillaume de Nangis donne un autre âge au prince, à l'époque de son couronnement. Après avoir mentionné la mort de Louis VIII, il ajoute :

Cui successit in regnum Ludovicus filius ejus, et per industriam venerabilis matris sue Blanche ..... coronatur, anno etatis sue quarto decimo non impleto.	Son fils Louis lui succéda sur le trône, et, grâce à la sagesse et à la prudence de sa vénérable mère Blanche, il fut couronné, n'ayant pas encore quatorze ans accomplis.

(L. D'ACHERY, Spicilegium, t. II, p. 31.)

D'après ce second texte, il faudrait placer la naissance du saint roi en 1213.

Trois chroniqueurs appuient d'ailleurs ce sentiment. Le dominicain Nicolas Trivettus ou de Trive, mort vers 1328, âgé d'environ soixante-dix ans, s'exprime ainsi dans sa chronique à l'année 1226 :

Moritur Ludovicus Francorum rex, et successit eidem filius ejus, sanctus Ludovicus, coronatus in regem, cum esset annorum quatuordecim.	Louis, roi de France meurt. Il a pour successeur son fils, saint Louis, couronné roi à quatorze ans.

(L. D'ACHERY, Spicilegium, t. III, p. 189.)

Nicolas de Trive a voulu dire sans doute dans sa quatorzième année.

Guillaume de Puy-Laurens (Guilielmus de Podio Laurentii), dont la chronique va jusqu'en 1271, se sert presque des mêmes termes :

Cui (Ludovico VIII°) Ludovicus primogenitus suus successit in regnum. Erat enim quatuordecim annorum quando cepit regere.	Son fils aîné, Louis, lui succéda. Il avait quatorze ans quand il commença à régner.

(GUILLAUME CATEL, Histoire des Comtes de Toulouse, p. 85.)

Une *chronique anonyme*, qui s'arrête à 1312, donne cette variante :

Cui (Ludovico VIII) Ludovicus primogenitus, etatis fere annorum quatuordecim, successit in regno.	Son fils aîné, Louis, âgé presque de quatorze ans, lui succéda sur le trône.

(G. CATEL. *Ibidem.*

Le dominicain Vincent de Beauvais, l'un des familiers de saint Louis, au livre xxx de son *Miroir historique*, ch. 129, précise davantage encore :

Anno Domini MCCXXXVII, migrat ibidem ad Christum (Ludovicus VIII)..... Ludovicus itaque primogenitus ejus..... coronatur in regem, qui XIV annum etatis sue completurus erat in festo sancti Marci evangeliste proximo sequenti.	L'an 1227 (lisez 1226) Louis VIII émigra vers le Christ. La couronne royale échut à Louis, son fils aîné, dont les quatorze ans allaient être accomplis à la prochaine fête de saint Marc, évangéliste.

Nous serions tentés d'admettre, à la suite de ces cinq chroniqueurs, que saint Louis est né en 1213 ; mais il en est d'autres encore, dont il nous faut entendre le témoignage.

Le confesseur de la reine Marguerite de Provence a écrit une vie de saint Louis, dans laquelle nous lisons :

Rege Gallie, patre venerabilis sancti, Ludovico, modo quo diximus defuncto, solus hic mansit beatus rex, annos natus paullo plus quam duodecim, sub tutela matris sue.	Le roi de France, Louis, père du vénérable saint, étant mort, comme nous l'avons raconté, le bienheureux roi, âgé d'un peu plus de douze ans, resta seul sous la tutelle de sa mère.

(BOLLAND. Acta Sanctor., Augusti, t. v.)

Si l'on s'en tenait à ce texte, saint Louis serait né en 1214.

La *chronique de Tours*, rédigée par un chanoine de Saint-Martin, arrivée à l'an 1226, raconte ainsi le couronnement de saint Louis :

Quo (Ludovico VIII) sepulto, Ludovicum puerum, filium ejus primogenitum (ex viventibus), anno etatis sue XIII, in vigilia sancti Andree, apostoli, per manus Jacobi, Suessionensis episcopi, vacante sede Remensi, ad regnum Francie solemniter coronarunt.	Louis VIII étant mis au tombeau, Louis, son fils aîné, enfant dans sa treizième année, fut solennellement couronné roi de France, la veille de la fête de saint André, apôtre, par les mains de Jacques de Basoches, évêque de Soissons, pendant la vacance du siège de Reims.

(EDM. MARTÈNE. Veter. script. ampliss. collect., t. v, col. 1069.)

Nous avons là un second témoignage fixant à 1214 la naissance de saint Louis.

Un troisième témoignage se trouve consigné dans un opuscule *De gestis sancti Ludovici*, dû à la plume d'un moine inconnu de l'abbaye de Saint-Denis :

Sanctus iste Ludovicus nonus, filius Ludovici supradicti ex Blancha regina, filia regis Hispanie, xiii etatis sue anno, patri successit in regno .... Sanctus igitur iste Ludovicus (nonus), xiii annorum juvenis, patre suo christianissimo orbatus.....	Le saint roi Louis IX, y est-il dit, fils de Louis VIII et de la reine Blanche, fille elle-même du roi d'Espagne, succéda dans sa treizième année à son père sur le trône de France..... Ce saint roi, Louis, jeune homme de treize ans, venait de perdre son père très chrétien.

(Du Chesne. Script. rerum Francic., t. v, p. 395.)

Un fragment de chronique ajouté à la chronique de Godefroy de Viterbe, dans un manuscrit qui a appartenu aux Carmes déchaussés de Bordeaux et qui porte aujourd'hui le n° 12,774, au fonds latin de la Bibliothèque Nationale, paraît fournir un quatrième témoignage en faveur de 1214, comme date de la naissance de saint Louis. On y lit en effet :

Anno mccxiii, bellum de Bovinis vi° kalendas Augusti ; et eodem anno xxvi° die aprilis, qui fuit dies sabbathi inter primam et tertiam natus est Ludovicus, filius Ludovici ex Blancha.	L'an 1214, bataille de Bouvines le 27 juillet ; et la même année le 26° jour d'avril, qui fut un samedi, entre prime et tierce, naquit Louis, fils de Louis et de Blanche.

« L'an 1214, a dit une voix dont l'autorité s'impose, est indiquée ici par trois caractères différents, par le millésime, par la bataille de Bouvines, et par la coïncidence du samedi avec le samedi 26 avril. »

La bataille de Bouvines a bien été livrée en 1214, le dimanche 27 juillet. Toutefois nous ne comprenons pas que le chroniqueur ait placé dans son récit la naissance de saint Louis après la mention du combat. Serait-ce pour nous inviter à reculer cette naissance au 26 avril suivant ? Telle n'a pu être sa pensée, car ce 26 avril n'appartiendrait plus à l'année

1214, qui prit fin le Samedi-Saint 18 avril. D'ailleurs, notre texte ajoute que saint Louis naquit un samedi 26 avril entre prime et tierce, autrement dit vers huit heures du matin. Or, c'est en 1214, et non en 1215, que le 26 avril fut un samedi, le samedi qui précéda le quatrième dimanche après Pâques. Il faut donc de toute nécessité intervertir l'ordre des événements établi par le chroniqueur, inscrire la naissance de saint Louis avant la bataille de Bouvines, et reporter la date de cette naissance au 26 avril 1214. Mais toute difficulté n'est pas ainsi tranchée. Comme nous l'avons indiqué plus haut, la *Brève Chronique* de Saint-Denis et d'autres annalistes font naître saint Louis le jour de saint Marc, c'est-à-dire le 25 avril, sans indiquer le jour de la semaine. Ce jour de la semaine nous est révélé par le manuscrit lat. 12,774. Ce fut un samedi, 26 avril, entre prime et tierce. Il n'est pas possible d'être plus précis. Quelle date allons-nous adopter : le 26 ou le 25 avril, 1214 ou 1215 ? Car le samedi coïncide avec le 26 avril en 1214, et avec le 25 en 1215. Que cette difficulté ne vous arrête pas, nous répond la même voix autorisée. Le désaccord est plus apparent que réel. La journée liturgique consacrée à une fête, ne part-elle pas des premières vêpres ? Saint Louis est né un samedi, mais ce samedi a commencé ecclésiastiquement le vendredi à six heures du soir. Il est né, dit le manuscrit 12,774, entre prime et tierce, *inter primam et terciam*, cela doit vouloir dire entre six heures et neuf heures du soir. Ne retrouve-t-on pas cette manière de compter dans des lettres de rémission de 1389, citées dans le *Dictionnaire* de Du Cange au mot *tercia*, où on lit « comme il feust tierce de nuit ou environ » ? On est donc dans le vrai, aussi bien en affirmant que saint Louis est né un vendredi 25 avril, jour de saint Marc, qu'en reportant cette naissance aux premières heures du samedi 26 avril.

Cette explication est très ingénieuse, avouons-le.

Pourquoi faut-il qu'elle soit en désaccord avec les traditions liturgiques de notre pays? A Paris, et dans les diocèses voisins, au XIII° siècle et au XIV°, le bréviaire faisait débuter l'office de toutes les fêtes, même solennelles, par les matines. Au lieu des premières vêpres, telles qu'elles figurent au bréviaire romain, on chantait les vêpres de la vigile avec l'oraison de la vigile. Il n'était donc pas d'usage au temps de saint Louis de commencer la journée liturgique aux premières vêpres. Qu'entendait-on alors par *prima* et *tercia*? Ces termes signifiaient l'heure de prime et l'heure de tierce, c'est-à-dire six heures et neuf heures du matin. Quand on s'en servait pour désigner d'autres heures, on prenait soin de l'indiquer. C'est pourquoi les lettres de rémission de 1389 portent *tierce de nuit*, afin de marquer neuf heures du soir. Comme nous ne connaissons l'heure de la naissance de saint Louis que par les mots *inter primam et terciam*, il nous faut laisser à ces expressions leur acception usuelle et ne pas faire dire au chroniqueur ce qu'il n'a pas dit.

Sommes-nous bien en droit de ranger le manuscrit latin 12,774 parmi les annalistes qui placent en 1214 la naissance de saint Louis ? On peut toujours se poser la question.

Il est deux autres chroniqueurs affirmant nettement que le prince est né en 1214. Ce sont Bernard de la Guyonnie et et Jean de Saint-Victor. Comme ils traitent en même temps du pays natal du saint roi, nous étudierons leurs textes à part.

Classons les témoignages relatifs à la date de la naissance de saint Louis :

Trois chroniqueurs, si ce n'est quatre, la fixent en l'année 1215. Ce sont la *Brève Chronique de Saint-Denis*, qui le dit formellement, le poète Guillaume Guiart, et Guillaume de Nangis, dans sa *Vie de saint Louis*, qui le donnent clairement à entendre, et peut-être le manuscrit latin 12,774, à raison de l'ambiguïté de sa rédaction.

L'année 1214 a cinq partisans au moins, savoir : Bernard de la Guyonnie et Jean de Saint-Victor qui l'indiquent nettement, le confesseur de la reine Marguerite, femme de saint Louis, la *Chronique de Tours* et les *Gesta sancti Ludovici* du moine de Saint-Denis, qui le font déduire de leurs textes.

A l'année 1213 se rallient indirectement cinq annalistes : Guillaume de Nangis, dans sa chronique, Nicolas de Trive, Guillaume de Puylaurens, un chroniqueur anonyme, et Vincent de Beauvais.

Si nous voulions prendre à la lettre les affirmations de Nicolas de Trive et de Guillaume de Puylaurens, *cum esset Ludovicus*, ou *erat Ludovicus annorum quatuordecim in anno 1226*, nous pourrions les détacher du groupe précédent et en faire deux partisans de l'année 1212. Nous aurions ainsi quatre années différentes assignées à la naissance de saint Louis. Nous avons d'ailleurs, pour le même événement, deux jours différents, le 25 et le 26 avril. C'est de quoi dérouter tous les historiographes.

S'il est vrai que saint Louis soit venu au monde un samedi entre prime et tierce, c'est-à-dire vers huit heures du matin, comme nous l'apprend le manuscrit latin 12,774, et le jour de saint Marc, comme l'enseignent presque tous les chroniqueurs, la vraie date de sa naissance serait le samedi 25 avril 1215. Mais ne tranchons pas si vite une question aussi hérissée de difficultés. Ce serait trop téméraire.

Revenons, après cette longue digression, à l'objet principal de notre étude.

Trois chartes royales, nous l'avons montré, établissent que saint Louis est né à la Neuville-en-Hez. Deux pièces officielles nous disent l'attachement du pieux monarque pour Poissy, son pays d'origine, où se trouvait le manoir de son père, et où par le baptême il avait pris rang parmi les chrétiens et les enfants de France.

A ces documents, qui commandent le respect par leur forme solennelle et par leur authenticité incontestable, on oppose les récits de trois chroniqueurs, Bernard de la Guyonnie, Jean de Saint-Victor et Guillaume de Chartres. N'est-il pas possible d'expliquer ces récits sans les mettre en contradiction avec les diplômes royaux ou princiers ? C'est ce que nous allons examiner.

Bernard de la Guyonnie, *Bernardus Guidonis*, dominicain, évêque de Lodève, né près de Limoges, en 1260, mort le 30 décembre 1331, a écrit le *Speculum sanctorale* et la *Notitia provinciarum et domorum ordinis predicatorum*. Dans chacun de ces ouvrages, il parle de la naissance de saint Louis. La quatrième partie de son *Speculum sanctorale* renferme une *Brevis chronica temporis sancti Ludovici*, dans laquelle se trouve cette mention :

Beatus Ludovicus, rex Francorum illustris, hujus nominis nonus, alterius Ludovici regis, viri justi et regine Blanche nomine filius, natus fuit in gaudium, homo in mundo, apud Pissiacum in festo sancti Marchi, anno Domini M° CC° XIIII°.	Le bienheureux Louis, illustre roi de France, IX° de ce nom, fils d'un autre Louis, homme juste, et de la reine Blanche, naquit en joie et vint homme au monde à Poissy, à la fête de saint Marc, l'an du Seigneur 1214.

Dans la *Notice sur l'Ordre de saint Dominique*, il y a une page relative à Poissy et à saint Louis, que nous allons citer :

Monasterium de Pissiaco prope Parisius.	*Monastère de Poissy, près Paris.*
Quod incepit fundari in honorem gloriosissimi confessoris, beati Ludovici, regis piissimi, quondam regis Francorum, a domino rege Philippo tam insigniter quam regaliter et potenter, anno Domini M° CC° XC° VII°, audita canonizatione sancti Ludovici, piissimi regis Francorum, quondam avi sui, *qui apud Pissiacum natus est in hoc mundo et sacrum baptisma suscepit. Natus est vero in festo sancti Marci evangeliste anno M° CC° XIIII°.* Coronatus autem fuit in regem, Dominica prima Adventus M° CC° XX° VI°, etatis sue vero XIII°, quem completurus erat in sequenti festo sancti Marci evangeliste. Crucem autem assumpsit pro primo passagio transmarino, anno M° CC° XL° III°, etatis sue vero anno trigesimo jam completo. Transfretavit autem prima vice anno Domini M° CC° XL° VIII°, cum jam trigesimum quartum annum attigisset etatis. Rediit autem inde exacto jam septennio inter Moras, anno M° CC° L° III°. Transfretavit secunda vice, anno Domini M° CC° LXX°, ubi et pertransivit mare presentis seculi, in exercitu	Fondé aussi magnifiquement que royalement et somptueusement en l'honneur du très glorieux confesseur, le bienheureux Louis, roi très pieux, jadis roi de France, dès l'an du Seigneur 1297 par le roi Philippe, aussitôt après la canonisation de saint Louis, très pieux roi de France, son aïeul, qui *vint au monde à Poissy et y reçut le baptême. Saint Louis naquit en la fête de saint Marc, l'évangéliste, l'an 1214*, fut couronné roi le premier dimanche de l'Avent 1226, dans la 13° année de son âge qui se devait achever à la fête suivante de saint Marc l'évangéliste, prit la croix du Seigneur pour son premier voyage d'outre-mer, l'an 1244, la trentième année de son âge déjà accomplie, s'embarqua la première fois l'an du Seigneur 1248, ayant atteint sa 34° année, revint en France, l'an 1254, après un séjour de sept ans chez les Maures, s'embarqua de nouveau l'an du Seigneur 1270, et traversa la mer du présent siècle dans l'armée du Seigneur, au camp près de Tunis, le 3 avant les ides de septembre

Domini, in castris apud Tunicium, octavo kalendas septembris, anno Domini prætaxato, ætatis vero suæ quinquagesimo septimo. Fuit autem canonizatus et sanctorum confessorum catalogo annotatus per Bonifacium VIII papam, tertio idus Augusti, dominica die, in Urbe Veteri, pontificatus sui anno secundo, anno Domini M° CC° XC° VII°.

(25 août), l'année susdite du Seigneur et la 57ᵉ de son âge. Il fut canonisé et inscrit au catalogue des saints confesseurs, à Orvieto, par le pape Boniface VIII, le dimanche 3 avant les ides d'août (11 août) la seconde année de son pontificat et l'an du Seigneur 1297.

(HIST. FRANC., t. XXIII, p. 190. — Cf. ECHARD, Scriptores Ordinis Prædicatorum, t. I.)

Jean de Saint-Victor, qui vivait sous Philippe-le-Bel, a dit également :

Tunc etiam (anno 1298) in crastino sancti Bartholomei apostoli, corpus sancti Ludovici, quondam Francorum regis, levatum est et translatum cum gaudio maximo sive festo apud sanctum Dionysium in Francia, astantibus rege, cunctisque baronibus et prelatis regni sui et vulgi multitudine copiosa.

Tunc Philippus, rex Francorum, in honore sancti predicti Ludovici, avi sui, fecit *apud Possiacum, ubi idem sanctus Ludovicus natus fuerat*, edificari monasterium egregium et famosum, multis sumptibus et opere laborioso, ibidemque posuit sorores de ordine Predicatorum.

En cette année 1298, au lendemain de la fête de saint Barthélemy, apôtre, le corps de saint Louis, jadis roi de France, fut levé de terre et transporté avec très grande joie ou fête à Saint-Denys en France, en présence du roi, de tous les barons et prélats du royaume et d'une immense foule de peuple.

Alors, Philippe, roi de France, fit en l'honneur du susdit saint Louis, son aïeul, élever à grands frais et avec toutes les ressources de l'art, *à Poissy, où le même saint Louis était né*, un splendide et monumental monastère et y installa des sœurs de l'ordre des Prêcheurs.

(*Memoriale historiarum* Joannis a Sancto Victore. — HIST. FRANC., t. XXI, p. 635.)

Ces deux chroniqueurs devaient connaître les termes employés par Philippe-le-Bel dans sa charte de fondation du monastère de Poissy. Bernard de la Guyonnie surtout ne pouvait manquer d'avoir sous les yeux cet important document, concernant un couvent de son ordre, pendant qu'il rédigeait sa notice sur les provinces et les maisons de ce même ordre. D'où vient donc que tous deux ont écrit : Saint Louis est né à Poissy, quand le texte de la charte porte : *In ecclesia beate Marie, ville Pissiaci renatus est fonte baptismatis*, dans l'église Sainte-Marie de la ville de Poissy, il prit une seconde naissance sur les fonts du baptême? C'est qu'ils ignoraient que saint Louis était né à la Neuville-en-Hez. Il leur a semblé tout naturel de prendre le lieu du baptême, pour le lieu de la naissance. Cette confusion s'explique d'ailleurs, quand on sait qu'aux siècles de foi le baptême s'administrait le plus souvent le jour même de la naissance, et, par le fait, au lieu même de la naissance.

Le troisième témoignage invoqué contre la Neuville-en-Hez est celui de Guillaume de Chartres, dominicain, chapelain de saint Louis. Dans son livre *De vita et miraculis sancti Ludovici*, le pieux annaliste nous donne sur la vie mortifiée du saint roi les détails suivants :

Sane statuta jejunia adeo districte servabat, quod in infirmitate etiam nullatenus volebat infringere. Unde in ultima egritudine, qua decessit, die sabbati, jus galline, quod sibi adponebatur, de consilio medicorum, gustare noluit, quia super hoc confessoris sui, (fratris Gaufridi de Bello-loco, ordinis Predicatorum), qui tunc forsitan aberat specialem licentiam non habebat. Preter alia etiam privata jejunia, de quibus memoratus frater Gaufridus latius disserit, quedam supererogare specialia consuevit. Jejunabat enim semper per totum Adventum in cibo quadragesimali et illis sacris diebus qui sunt ab Ascensione Domini usque ad Pentecosten. In omnibus etiam apostolorum vigiliis, licet in quibusdam earum non jejunaretur in Parisiis vel in alia dio-	Il observait si strictement les jeûnes prescrits que, même souffrant, il ne voulait en aucune manière s'en dispenser. C'est pourquoi dans sa dernière maladie, celle dont il mourut, il refusa un samedi de prendre un bouillon de poule qu'on lui servit sur l'avis des médecins. Il n'avait pas, dit-il, de permission spéciale de son confesseur à ce sujet. Ce confesseur était absent. (C'était le dominicain Geoffroy de Beaulieu, qui, sur l'ordre du pape Grégoire X, rédigea la vie du pieux monarque). Aux jeûnes ordinaires, même privés, dont nous devons le détail à frère Geoffroy, saint Louis avait coutume d'en ajouter de tout particuliers. Il ne manquait pas de jeûner tout l'Avent, ne prenant alors que la nourriture permise en Carême. Il faisait de

cesi, in qua erat, ad sui excusationem de hoc sibi loquentibus pretendendo *quod de Carnotensi diocesi oriundus existebat*, in qua hujusmodi vigilie jejunantur.	même pendant les saints jours qui s'étendent de l'Ascension à la Pentecôte, ainsi qu'à toutes les vigiles des apôtres, bien qu'à plusieurs d'entre elles, le jeûne ne fut prescrit, ni à Paris, ni dans le diocèse où il se trouvait. Quand on lui en faisait l'observation, il s'excusait en disant *qu'il était originaire du diocèse de Chartres* où ces vigiles sont en même temps des jours de jeûne.

(HIST. FRANC., t. XX, p. 35 D.)

Nous avons tenu à citer ce long texte en son entier pour laisser dans son cadre l'argument que Baillet tire de sa dernière phrase. Saint Louis, y est-il dit, s'astreignait à tous les jeûnes prescrits dans le diocèse de Chartres, et il en donnait pour raison, *quod de Carnotensi diocesi oriundus existebat*, — qu'il était né à Poissy, dans le diocèse de Chartres, explique Baillet, — qu'il appartenait par son baptême à l'église de Chartres, traduirons-nous, ne voulant pas passer sans raison d'un ordre d'idées dans un autre, du surnaturel au naturel, du religieux au profane.

Résumons les observations qu'il nous a été donné de faire en parcourant les chroniques. Bernard de la Guyonnie et Jean de Saint-Victor se sont mépris sur le sens de la charte royale de 1304, dont les termes sont pourtant fort clairs. Ils ont cru pouvoir écrire *natus*, quand le texte porte *renatus fonte baptismatis*, et confondu par le fait le baptême de saint Louis avec sa naissance. Quant à Guillaume de Chartres, il ne dit rien que n'appuient les diplômes de Robert de Clermont et de Philippe-le-Bel.

Geoffroy de Beaulieu, dont il évoque le souvenir, tient un langage analogue :

Unde etiam cum secretas litteras alicui familiari mittebat (sanctus Ludovicus) et ex causa aliqua volebat supprimere nomen regis, Ludovicum de Poissiaco, sive do-	Quand saint Louis, dit-il, envoyait à l'un de ses familiers des lettres toutes personnelles dans lesquelles il ne tenait pas à prendre le titre de roi, il signait Louis de Poissy,

minum Poissiaci se vocabat, potius eligens a loco baptismatis denominari, quam ab aliqua sua civitate famosa.

ou sire de Poissy, préférant un nom tiré du lieu de son baptême à tout autre nom emprunté à quelque ville célèbre de ses Etats.

(BOLLAND. Acta Sanct. Augusti, t. v.)

Gardons-nous de donner aux récits des chroniqueurs une importance exagérée. Leurs affirmations ont souvent besoin d'être discutées et vérifiées. Les textes relatifs à la date de la naissance de saint Louis nous en ont fourni la preuve. Ceux qu'on allègue pour faire de Poissy le pays natal du bienheureux monarque auraient-ils une valeur plus grande? Nous ne le pensons pas.

Et qu'on ne vienne pas nous dire : « Que peuvent contre de pareils textes les lettres patentes de Louis XI, disant qu'on lui a affirmé que saint Louis était né à la Neuville-en-Hez ? Un ouï-dire, recueilli en 1468, doit-il obtenir plus de créance que le témoignage des contemporains ? »

Des contemporains qui, dans leur cellule monastique, consignent sur le parchemin ce qu'ils ont entendu raconter cinquante ou soixante ans après les événements, sont-ils beaucoup mieux informés que les rédacteurs officiels, appelés à rédiger leurs actes deux siècles plus tard ? L'histoire de Louis XIV est-elle donc aujourd'hui beaucoup plus difficile à écrire que celle de Napoléon Ier? Au reste, il n'était nullement nécessaire que Louis XI fît insérer dans ses chartes la mention de la naissance de saint Louis à la Neuville-en-Hez, pour conserver aux habitants de ce village les faveurs accordées par ses prédécesseurs. Le bon plaisir royal suffisait pleinement en pareil cas.

L'insertion d'un semblable considérant prouve que le fait rapporté était de notoriété publique. S'il s'était agi d'un personnage obscur ou d'un événement sans importance, on conçoit que l'affirmation des habitants de la Neuville-en-Hez ait pu être accueillie à la légère et enregistrée sans discussion ni contrôle. Que de fausses généalogies et des faits controuvés soient parvenus, moyennant finance, à se glisser dans certains actes royaux sans avoir été depuis démentis, il ne faut pas s'en étonner outre mesure; ces faits peu marquants, mais appuyés de bon argent, n'intéressaient que des particuliers, auxquels ils permettaient l'octroi d'une noblesse factice.

Tout autre est l'importance qui s'attache à la naissance d'un héritier du trône. C'est là un événement qui intéresse toute une nation.

Le fisc n'a rien gagné à son insertion dans une charte. Il y a perdu au contraire puisqu'il s'agissait de motiver par là une exemption d'impôts.

Peut-on supposer que Louis XI aurait autorisé cette insertion, s'il lui avait été démontré que saint Louis était né à Poissy? Croit-on qu'une pareille allégation n'aurait pas soulevé de vives protestations dans les pays voisins de la Neuville-en-Hez et moins favorisés que ce village, si de génération en génération on ne s'y était raconté l'événement? Poissy lui-même, fort de ses titres, aurait pu réclamer.

Remarquons aussi la similitude des formules employées par Philippe-le-Bel et par Louis XI. Le premier nous fait savoir que saint Louis passe pour avoir reçu les premiers éléments de la foi chrétienne et de notre salut sur les fonts du baptême en l'église Notre Dame de Poissy. *In ecclesia beate Marie ville Pissiaci renatus fonte baptismatis christiane fidei et salutis nostre primordia suscepisse dignoscitur.* « C'est à la Neuville-en-Hez, nous déclare le second, que Monseigneur saint Loys fut né et y print sa naiscence, ainsi qu'il nous a esté affermé. » *Dignoscitur* et « il nous a esté affermé », c'est tout un. L'un peut se traduire par l'autre. Louis XI s'en est rapporté à la tradition qui, très vivace après deux siècles et demi, proclamait saint Louis né à la Neuville-en-Hez. Semblablement Philippe-le-Bel avait cru à la tradition lui attestant, au bout de quatre-vingt-dix ans, que son aïeul avait été baptisé dans l'église Notre-Dame de Poissy. On ne connaissait guère alors ni les registres de naissance, ni les registres de baptême.

Nous avons résumé les dires des chroniqueurs. Résumons également les données fournies par les diplômes royaux ou princiers :

« Monseigneur saint Loys fut né et print sa naiscence à la Neuville-en-Hez. » C'est Louis XI et Henri IV qui nous l'apprennent. Le saint roi était, comme chrétien et comme enfant de France, originaire de Poissy, résidence de son père. Nous le savons par Robert de France, comte de Clermont. C'est en l'église de Poissy qu'il a pris une seconde naissance par le baptême et reçu les premiers éléments de la foi chrétienne et de notre salut. Nous pouvons en croire Philippe-le-Bel.

Nos cinq textes officiels s'éclairent mutuellement. Il n'existe entr'eux aucune contradiction. Aussi M. le Moine, correspondant de dom Grenier, pouvait-il lui écrire en 1767 : « Quoique les savants aient décidé en faveur de Poissy, je vais vous citer des actes qui, si je ne me trompe, demanderaient la réforme de ce jugement (Société d'archéologie du départ. de la Somme, t. I, p. 274 et 275, ou Mémoire de M. le Moine.) De même, M. Ledicte-Duflos, ancien président du tribunal civil de Clermont, dans une dissertation sur les vitraux peints de l'arrondissement de Clermont, publié en 1850 (Mém. de la Soc. des Antiq. de Picardie, t. X, 1850, p. 105 et 106), a cru devoir signaler à la pointe supérieure de l'une des fenêtres de l'église de la Neuville-en-Hez, la présence d'un saint Louis en grand costume de roi, et en tirer cette conclusion : « La présence de cette image à ce point élevé indique nécessairement que la verrière détruite rappelait les principaux actes de la vie de ce saint personnage, qui ne pouvait pas manquer de trouver une apothéose dans l'église de la commune où il était né, le 25 avril 1215, et dont il a été constamment le bienfaiteur. »

Le dernier mot sur cette question n'aurait-il pas été inscrit, il y a trois siècles, au bas d'un portrait de saint Louis qu'on doit au burin de Léonard Gaultier, né à Mayence, en 1572 ? Sur ce tableau, le saint roi est représenté tenant le sceptre fleurdelysé de la main droite, et de la gauche, dans les plis de son manteau, la sainte Couronne d'épines et les trois Clous. On y trouve cette légende :

SAINCT LOVIS ROY DE FRANCE,

né à la Neuville-en-Hez, le 25 apvril 1215, jour de saint Marc,

baptisé à Poissy, mort devant Tunis le 25 août 1270.

Ce n'est donc pas sans raison que sur le piédestal de la statue de saint Louis, placée au sommet du tertre de l'ancienne forteresse de la Neuville-en-Hez, a été gravée cette inscription :

« L'an 1215, naquit en ce lieu le bon roy Louis, IX° du nom. Ce monument a été érigé, en 1879, par Henri d'Orléans, duc d'Aumale. »

Il existe une vue des ruines de la forteresse incendiée par les ligueurs, en 1591, et rasée depuis. C'est une gravure sur acier, signée : *Charpentier*, 1792. Nous sommes heureux d'en offrir une reproduction obtenue par l'héliogravure.

M. le chanoine Pihan, secrétaire perpétuel de la Société académique de l'Oise, a eu la première idée de ce travail. C'est lui qui nous a fait connaître les chartes de la Neuville-en-Hez et nous a aidé à en prendre une copie exacte. Ensemble nous avons discuté les textes et tiré nos conclusions. L'œuvre lui appartient donc autant qu'à nous. Il a voulu, avec sa modestie et sa bienveillance ordinaires, nous laisser l'honneur de la rédaction. Qu'il reçoive ici l'expression de notre vive et confraternelle reconnaissance.

Nous devons aussi un merci tout spécial à M. l'abbé Mennessier, curé de la Neuville en-Hez, dont la science et l'aimable hospitalité nous ont singulièrement facilité notre tâche, et à M. Pouillet, percepteur et bibliothécaire de la ville de Clermont, qui a mis si obligeamment à notre disposition les chartes d'Henri IV.

Nous avons éprouvé un vrai plaisir en écrivant ce plaidoyer en faveur de la Neuville-en-Hez. Nous le soumettons humblement aux juges compétents, tout prêt à y faire les modifications que leur sagesse reconnaîtrait nécessaires.

www.ingramcontent.com/pod-product-compliance
Lightning Source LLC
Chambersburg PA
CBHW061004050426
42453CB00009B/1257